Fußball Kochbuch

Essen, fernsehen, Sprüche klopfen

Elisabeth Bangert

Fußball Kochbuch

Essen, fernsehen, Sprüche klopfen

EDITION XXL

Inhaltsverzeichnis

Ich hab 'ne Oberschenkel-Zerrung im linken Fuß.
Guido Buchwald

Was soll ich mit den Spielern reden, ich bin doch kein Pfarrer!
Werner Lorant

Pünktlich zum Anpfiff satt und gestärkt!

Sie haben einen Fußballfan zu Hause sitzen, der für das große Spiel „'ne gute Grundlage im Bauch" haben will? Dann probieren Sie's doch mal mit unseren schnellen Gerichten für zwei wie z. B. den Matjes mit Birnen, Bohnen und Speck oder das Minutensteak mit Möhrengemüse. Er wird begeistert sein!

Oder rückt die gesamte Fußballermeute an und das obligatorische Biergelage soll nicht auf ausgehungerte Mägen treffen? Keine Panik, mit unseren deftigen Pfannengerichten oder Bierrezepten bekommen Sie die ganze Mannschaft mühelos satt!

Das Spiel läuft … Jetzt bloß nicht ablenken!

Wer ein waschechter Fan ist, der will bei einer Fußballübertragung seine Ruhe haben. Da heißt es: Bloß nix Umständliches auftischen! Das voll auf den Fernseher konzentrierte Fußballerhirn ist ruck, zuck überfordert. Mit den vorgeschlagenen Rezepten für Snacks, Dips, Grillvarianten und einer Partybowle landen Sie bestimmt eine Menge Volltreffer!

Und wie wär's mit ein paar Ideen, wie Sie die zappeligen Fans mit leckerer „Nervennahrung", z. B. einem Schokokuchen mit Schuss, bändigen können? Kein Problem, in diesem Kapitel finden Sie alles, was das Fußballerherz während des Spiels begehrt!

Sieg oder Niederlage? Für jede Stimmung nach dem Abpfiff ist was dabei!

Sie haben ein Wohnzimmer voller gebrochener Fußballerherzen, die Sie mit einem „kulinarischen Trostpflaster" wie z. B. einem feurigen Gulaschtopf wieder aufrichten möchten? Oder wollen Sie einem sensationellen Fußballsieg und den gegrölten „We are the champions"-Gesängen mit einem Festmahl die Krone aufsetzen? Ganz egal, hier finden Sie garantiert das Richtige für jede Stimmungslage nach dem Abpfiff!

Und noch etwas: Alle Gerichte in diesem Kapitel, von den Quiche- und Pizzavariationen bis zu den Rezepten für Eintöpfe oder Überbackenes, können Sie problemlos während des Spiels vor sich hin köcheln oder brodeln lassen.

Abseits!?

Die Abseitsregel! Wohl keine Regel beim Fußball schafft es, für so viel Ärger und hitzige Diskussionen zu sorgen. Doch was bedeutet eigentlich „Abseits“? Sie glauben nicht, wie schwer es ist, einen Fußballfan dazu zu bringen, einem Fußballlaien „nur mal kurz“ die Abseitsregel zu erklären! Die erste Reaktion ist immer schallendes Gelächter (Oh Mann, das weiß doch echt jeder!), dicht gefolgt von entsetzten Ausrufen wie z. B. „Wie? Jetzt gleich etwa?“ oder „Ich bin grad voll im Stress und das geht nicht so hopplahopp!“ Doch wir haben keine Mühen gescheut und konnten dem einen oder anderen trotzdem etwas Sinnvolles zu dem Thema aus der Nase ziehen:

„Also, des is, wenn der Spieler im … äääh … Ballbesitz an seinen Mitspieler abspielt. Der … äääh … Mitspieler muss ganz allein vor dem … äääh … Strafraum des Gegners stehn. Des heißt, die gegnerischen Abwehrspieler stehn zwischen den beiden, also nicht so weit vorne wie der … äääh …“ **Aha!**

„Kein Kommentar. Mir ist schon schlecht!“ **Sonst noch Fragen?**

„… wenn Spieler A hinter dem gegnerischen Spieler B steht, der der letzte Gegner ist, und Spieler A den Ball zu Spieler C flankt, der vor B ist!“ **Kapiert?**

„Ach, das Abseits gehört ersatzlos abgeschafft, dann gibt's auch keine Streitereien mehr. Und vielleicht sieht man dann auch mal wieder Tore.“ **Auch 'ne Antwort!**

Oder einfach kurz und knapp: „Ein Spieler befindet sich im Abseits, wenn er sich im Moment der Ballabgabe näher an der Torlinie befindet als der Ball und der vorletzte Gegner.“ Das bringt's doch schon ziemlich auf den Punkt, oder was denken Sie? Vielleicht haben Sie ja auch noch eine bessere Idee?

Vorwort

Sie sind ein Vollblut-Fußballfan, der kein Spiel rund ums geliebte Leder verpasst und immer mit den Kumpels in der Kneipe hockt? Ein Vorschlag: Laden Sie Ihre Freunde doch mal zur Abwechslung zum Fußballschauen in Ihre Bude ein und tischen Sie Ihren „Jungs“ was Tolles auf!

Oder Sie haben einen Fußballnarren zum Mann, der seinem Hobby am liebsten außer Haus frönt? Wir hätten da 'nen Tipp für Sie, wie Sie ihn in die eigenen vier Wände zurücklocken. Nach dem Motto „Mit Speck fängt man Mäuse“ legen Sie vor der nächsten Fußballübertragung Ihren Köder aus: „Lad doch mal deine Freunde zu uns ein und wir kochen denen was Leckeres.“ Da sagt er bestimmt nicht nein!

Das richtige Kochbuch für Ihren Schlachtplan haben Sie ja schon! Jetzt müssen Sie sich nur noch entscheiden: Soll die Fütterung der Raubtiere vor, während oder nach dem Spiel stattfinden? – Entscheidung gefallen? Dann blättern Sie schnell im entsprechenden Kapitel und los geht's!

Mit unseren fußballergerechten Gerichten, Drinks und Leckereien, die Sie genau zum richtigen Zeitpunkt „ins Spiel bringen“, sind Sie für die Jungs am Ende garantiert der Champion des Tages!

Ratgeber

Football 's coming home!

Sie planen **d a s** Fußballevent des Jahrhunderts bei Ihnen zu Hause! Zusammengetrommelt haben Sie die Kumpels jetzt alle. In 'ner halben Stunde fallen die bei Ihnen wie die Heuschrecken ein. Jetzt heißt's: Checkliste für die Elf Gebote des perfekten Fußball-Heimspiels durchgehen:

1. Bier kalt stellen

Da sag noch einer, wir brauchen keine Badewanne!

2. Flaschenöffner bereitlegen

Sonst muss wieder die Tischkante dran glauben.

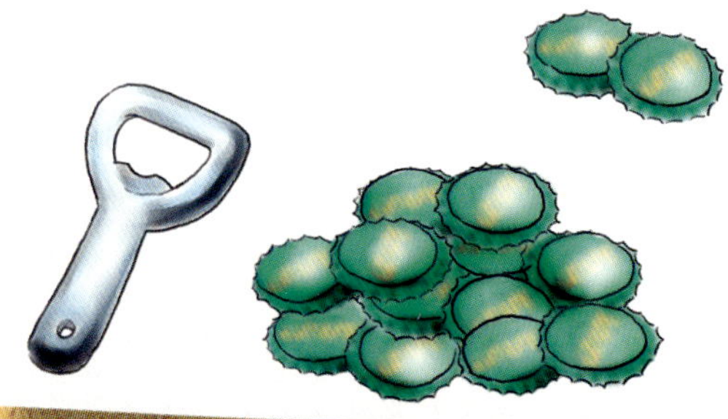

3. Stärkung für das große Spiel reinziehen

Damit auch ja keiner von der Couch fällt!

4. Potenzielle Störenfriede rausschmeißen

Wir müssen draußen bleiben.

5. Ersatzbatterien für die Fernbedienung parat haben

Ein echter Mann ist allzeit bereit.

6. Dolby-Surround-System anschließen

Ich glaub, ich steh in der Fankurve!

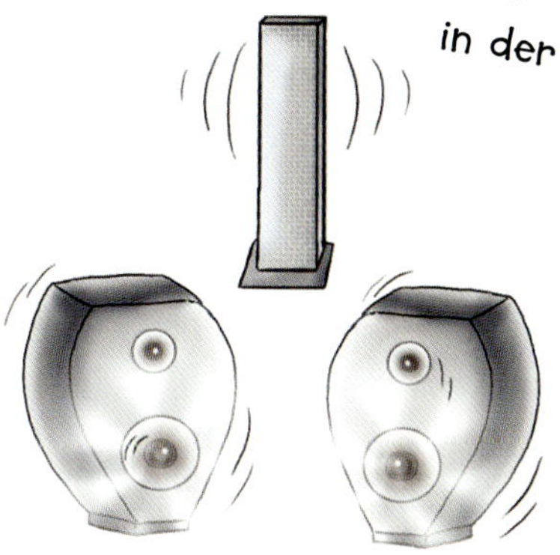

7. Telefonstecker ziehen

Kein Schwein ruft mich an …
dafür hab ich gesorgt!

8. Tür verrammeln

Sicher ist sicher.

9. Anpfiff – Der Ball rollt

Snacks only. Fußballhirn nicht abgelenkt werden will.

10. Abpfiff – Heulsusen an Bord?

Na und, sensible Männer sind „in"!

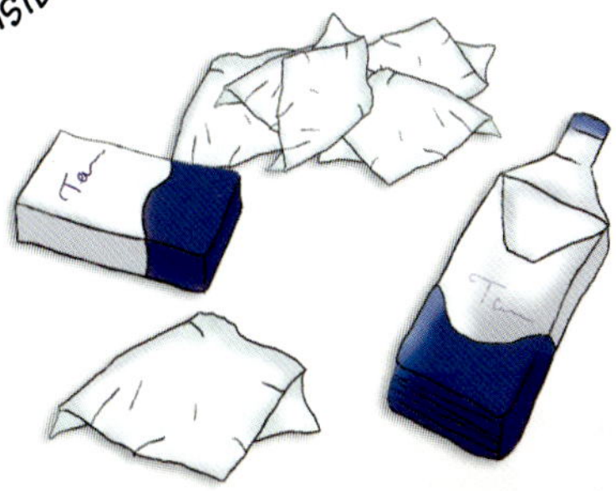

11. Nach dem Spiel – Die Stimmung kocht über

Krönender Abschluss eines perfekten Fußballevents.

Na, hat doch alles 1a geklappt! Mit der Checkliste konnte ja auch nix schief gehn. Auf mehr oder weniger sicheren Beinen ziehn die Jungs satt, abgefüllt und zufrieden ab. Noch zehn Straßen weiter können Sie sie grölen hören: „Yooooouuuu are the champion, my friend." Meinen die etwa Sie?

Zutaten für 2 Personen:

125 g Langkornreis
(z. B. von Uncle Ben's)
2 Zwiebeln
2 Bratwürste
2 EL Speiseöl
1 TL Currypulver
1 Glas Tomatensoße
(z. B. Uncle Ben's „Mexikanische oder Ungarische Art")

Chili-Wurst-Gulasch

1. Den Reis in reichlich Salzwasser ca. 15 bis 20 Minuten garen. Danach abgießen und warm stellen.

2. Die Zwiebeln schälen und in Ringe schneiden. Die Bratwürste in Scheiben schneiden.

3. Das Öl in einem Topf erhitzen und die Bratwurstscheiben sowie die Zwiebelringe darin anbraten. Das Ganze mit dem Currypulver bestäuben, die Soße hinzufügen, alles kurz aufkochen lassen und zu dem Reis servieren.

Es war ein wunderschöner Augenblick, als der Bundestrainer sagte: „Komm, Steffen, zieh deine Sachen aus, jetzt geht's los."

Steffen Freund

Keiner liebt mich, da können Sie meine Frau fragen!

Hans Meyer

Einige haben von einem recht guten Spiel gesprochen. Da frage ich mich, ob ich zum Augen- oder zum Ohrenarzt muss.

Andreas Möller

Pfifferling-Spätzle-Pfanne

Zutaten für 2–3 Personen:

100 g Pfifferlinge
1 Zwiebel
3 Stängel Petersilie
4 deutsche Eier
4 EL süße Sahne
Salz
Pfeffer
geriebene Muskatnuss
25 g Butter
1 Packung frische Eierspätzle aus dem Kühlregal (325 g)

1. Die Pfifferlinge putzen, eventuell waschen und trockentupfen. Die Zwiebel schälen und fein würfeln. Die Petersilie waschen, trockenschütteln und fein hacken.

2. Die Eier mit Sahne, Salz, Pfeffer und etwas Muskat verrühren. Die Butter in einer Pfanne erhitzen und die Zwiebeln sowie die Pfifferlinge darin anbraten. Die Spätzle hinzufügen und ein bis zwei Minuten mitbraten.

3. Die Hälfte der Petersilie hinzufügen und das Ganze mit der Eiersahne übergießen. Zugedeckt bei schwacher Hitze fünf bis sechs Minuten stocken lassen. Eventuell noch einmal mit Salz und Pfeffer abschmecken.

Wir wissen alle, dass Mario nicht gesagt hat, was er gesagt hat, was er gesagt haben soll, dass er es gesagt hat.

Berti Vogts

Feurige Kartoffelpfanne

ZUTATEN FÜR 4 PERSONEN:

800 g Pellkartoffeln
2 Zucchini (à 200 g)
je 1 rote, gelbe und grüne Paprikaschote
200 g Kabanossi
2 EL Speiseöl
3 TL Cayennepfeffer, gemahlen (z. B. von Fuchs)
½ TL Rosmarin, geschnitten (z. B. von Fuchs)
2 TL Puszta-Feuer Würz-Zauber (z. B. von Fuchs)
Salz

Für den Dip:
200 g Crème fraîche
½ TL Cayennepfeffer, gemahlen (z. B. von Fuchs)
½ TL Rosmarin, geschnitten (z. B. von Fuchs)
½ TL Puszta-Feuer Würz-Zauber (z. B. von Fuchs)

1. Die Kartoffeln als Pellkartoffeln garen, etwas abkühlen lassen, pellen und in Scheiben schneiden.

2. Die Zucchini waschen, putzen und in halbe Scheiben schneiden. Die Paprikaschoten halbieren, putzen, entkernen, waschen und das Fruchtfleisch in grobe Würfel, die Kabanossi in Scheiben schneiden.

3. Das Öl in einer Pfanne erhitzen, die Kartoffelscheiben, das Gemüse und die Wurstscheiben darin anbraten und abgedeckt ca. fünf bis zehn Minuten garen, dabei hin und wieder umrühren.

4. Zum Schluss mit Cayennepfeffer, Rosmarin, Puszta-Feuer und Salz „feurig“ abschmecken. Für den Dip die Zutaten miteinander verrühren und zu der Kartoffelpfanne servieren.

Kartoffelpfanne mit Käse

1. Die Kartoffeln waschen und mit Schale ca. 25 Minuten in reichlich Salzwasser garen.

2. Währenddessen die Möhren und den Lauch putzen, waschen und in Scheiben bzw. Ringe schneiden. Beides in kochendem Salzwasser blanchieren, danach kalt abschrecken. Den Schnittlauch waschen, trockenschütteln und in feine Röllchen schneiden.

3. Die Champignons putzen und je nach Größe halbieren oder vierteln. Die Zwiebeln schälen und achteln. Den Speck in feine Streifen schneiden. Den Käse würfeln. Die Kartoffeln nach Ablauf der Garzeit abgießen, kurz abkühlen lassen und pellen, je nach Größe vierteln oder sechsteln.

4. Das Butterschmalz in einer großen Pfanne erhitzen und den Speck darin kross ausbraten, herausnehmen und beiseite stellen. Danach die Kartoffeln und das Gemüse portionsweise in dem Fett anbraten. Alles zusammen wieder in die Pfanne geben und mit Salz sowie Pfeffer abschmecken.

5. Zum Schluss den Käse darüber streuen, Deckel auflegen und den Käse bei schwacher Hitze schmelzen lassen. Vor dem Servieren mit Schnittlauch bestreuen.

ZUTATEN FÜR 4 PERSONEN:

750 g fest kochende Kartoffeln
300 g Möhren
300 g Lauch
1 Bund Schnittlauch
150 g Champignons
2 kleine Zwiebeln
125 g durchwachsener Speck
150 g Allgäuer Bergkäse
60 g Butterschmalz
Salz
Pfeffer

Ich war schon fünfmal Tor des Monats!
Klaus Fischer

Ein Lothar Matthäus lässt sich nicht von seinem Körper besiegen, ein Lothar Matthäus entscheidet selbst über sein Schicksal!
Lothar Matthäus

Wir lassen uns nicht nervös machen, und das geben wir auch nicht zu!

Olaf Thon

Champignonburger

1. Den Speck in Würfel schneiden. Die Zwiebel und den Knoblauch schälen und fein hacken.

2. Die Champignons putzen und in feine Scheiben schneiden. Das Toastbrot in Wasser einweichen und gut ausdrücken.

3. Das Öl in einer Pfanne erhitzen und den Speck darin hellgelb braten, dann die Zwiebel und den Knoblauch hinzufügen und kurz andünsten. Danach die Champignons dazugeben und weitere fünf Minuten garen.

4. Das Hackfleisch mit den Eiern, dem Toastbrot, der Petersilie sowie der Pilzmasse gut verkneten, mit Salz und Pfeffer abschmecken. Aus dem Fleischteig acht bis zehn Frikadellen formen und in heißem Butterschmalz von beiden Seiten knusprig braun braten.

Zutaten für 4 Personen:

50 g weißer Räucherspeck
1 mittelgroße Zwiebel
1 Knoblauchzehe
250 g Champignons
5 Scheiben entrindetes Toastbrot
1 EL Rapsöl
400 g Rinderhackfleisch
2 frische deutsche Eier
1 EL gehackte Petersilie
Salz
Pfeffer
Butterschmalz zum Braten

Konzepte sind Kokolores!
Erich Ribbeck

For me, it's scheißegal!
Uli Hoeneß

Kräuter-Frikadellen

Zutaten für 12 Frikadellen:

3 EL Semmelbrösel
500 g Rinderhack
1 Zwiebel
1 große Möhre
2 Knoblauchzehen
1 Bund Petersilie
reichlich gemischte Kräuter (Schnittlauch, Salbei, Rosmarin, Thymian, Basilikum)
1 Ei
1 TL Salz
Pfeffer
1/2 TL geriebener Ingwer
2 EL Öl

1. Die Semmelbrösel mit dem Rinderhack vermischen. Die Zwiebel schälen und fein würfeln, die Möhre schälen und fein reiben. Die Knoblauchzehen zerdrücken. Alles zusammen mit dem Fleischteig vermengen.

2. Die Kräuter waschen, trockenschütteln und fein hacken. Zusammen mit dem Ei, Salz, Pfeffer sowie Ingwer unter die Masse mischen und alles gut durchkneten.

3. Den Fleischteig in 12 Portionen teilen und zu flachen Frikadellen formen. Das Öl in einer Pfanne erhitzen und die Frikadellen von beiden Seiten drei bis vier Minuten anbraten, anschließend die Hitze reduzieren und die Frikadellen zugedeckt 10 bis 15 Minuten durchbraten.

Jede Seite hat zwei Medaillen!
Mario Basler

Paprika-Hacksteaks mit Biersoße

1. Das Brötchen ca. 20 Minuten in 250 ml Bier einweichen. In der Zwischenzeit die Paprikaschoten putzen, entkernen, waschen und ca. ⅓ des Fruchtfleisches in kleine Würfel schneiden.

2. Das Brötchen gut ausdrücken, mit Hackfleisch, Paprikawürfeln und Eiern zu einer glatten Masse verkneten. Mit Salz, Pfeffer und Paprikapulver würzen. Aus dem Fleischteig vier Hacksteaks formen.

3. Einen Esslöffel Öl in einer Pfanne erhitzen und die Hacksteaks darin bei mittlerer Hitze unter Wenden 12 bis 14 Minuten braten. Währenddessen die Zwiebel schälen und in feine Streifen schneiden. Das restliche Paprikafruchtfleisch in mittelgroße Rauten schneiden. Das übrige Öl in einer weiteren Pfanne erhitzen und die Zwiebel darin anschwitzen. Die Paprikarauten dazugeben, mit Salz sowie Pfeffer würzen und zugedeckt 8 bis 10 Minuten dünsten.

4. Die Hacksteaks aus der Pfanne nehmen und warm halten. Den Bratensatz mit dem restlichen Bier ablöschen, die Sahne hinzufügen, das Ganze ca. eine Minute einkochen lassen und mit Salz sowie Pfeffer abschmecken. Zum Schluss die Hacksteaks mit Paprikagemüse und Soße auf Tellern anrichten.

Zutaten für 4 Personen:

1 Brötchen vom Vortag
0,33 l dunkles Lager-Bier
je 2 gelbe, rote und grüne Paprikaschoten (à ca. 200 g)
500 g gemischtes Hackfleisch
2 frische deutsche Eier
Salz
Pfeffer
Paprikapulver, edelsüß
2 EL Rapsöl
1 mittelgroße Zwiebel
200 ml süße Sahne

Leberkäse in Bierteig auf Kresse

1. Die Paprikaschote putzen, entkernen, waschen und das Fruchtfleisch in feine Streifen schneiden. Die Fleischtomaten waschen und achteln. Die Zwiebel schälen und fein hacken. Den Schnittlauch waschen, trockenschütteln und in feine Röllchen schneiden.

2. Aus Mehl, Ei, etwas Salz und dem Bier einen dickflüssigen Teig rühren, ca. 10 Minuten quellen lassen, danach die Zwiebelwürfel und Schnittlauchröllchen unterrühren.

3. Das Butterschmalz in einer Pfanne erhitzen, den Leberkäse in den Bierteig tauchen und im heißen Butterschmalz von beiden Seiten ca. vier Minuten backen.

4. Die Kresse von den Beeten schneiden, waschen, trockentupfen und als Nest auf Tellern anrichten, jeweils eine Scheibe Leberkäse darauf legen und mit den Paprikastreifen und Tomatenachteln garnieren.

Bei diesem Schiedsrichter hätte auch unser Busfahrer eine gelbe Karte bekommen.

Rainer Calmund

ZUTATEN FÜR 4 PERSONEN:

1 rote Paprikaschote
2 Fleischtomaten
1 kleine Zwiebel
1 Bund Schnittlauch
125 g Mehl
1 Ei
Salz
$\frac{1}{8}$ l Bier
50 g Butterschmalz
4 Scheiben Leberkäse à 125 g
2 Kästchen Kresse

Zutaten für 4 Personen:

1 küchenfertiges Hähnchen (1,3 kg)
1 Bund Thymian
2 Flaschen (à 0,33 l) Pilsener Bier
Salz
Pfeffer
4 EL Rapsöl
1 Bund (ca. 500 g) Suppengrün
¼ l klare Brühe (Instant)
750 g Kartoffeln
1 Kopf Wirsingkohl (ca. 1 kg)
30 g deutsche Markenbutter
1–2 EL dunkler Soßenbinder
evtl. glatte Petersilie und Thymian zum Garnieren

Geschmortes Hähnchen mit jungem Wirsing

1. Das Hähnchen grob zerteilen. Die Hähnchenteile waschen und in eine flache Form legen. Den gewaschenen, gehackten Thymian über die Hähnchenteile streuen und das Ganze mit Bier begießen. Zugedeckt im Kühlschrank 10 bis 12 Stunden marinieren lassen.

2. Danach die Hähnchenteile aus der Bier-Marinade nehmen, trockentupfen und mit Salz und Pfeffer würzen. ¼ l Marinade abmessen und beiseite stellen. Zwei Esslöffel Öl in einem Bräter erhitzen und das Fleisch darin bei mittlerer Hitze von jeder Seite vier bis fünf Minuten braten.

3. Das Suppengrün putzen, waschen und in Stücke schneiden. Zum Hähnchen geben und kurz mitbraten. Mit Brühe und Bier-Marinade ablöschen, aufkochen lassen und bei schwacher Hitze zugedeckt 35 bis 40 Minuten schmoren lassen.

4. Inzwischen die Kartoffeln mit der Schale garen. Danach kalt abschrecken, pellen und halbieren. Den Wirsing putzen, waschen und in Spalten schneiden, dabei den Strunk größtenteils entfernen. Die Wirsingspalten in der erhitzten Butter 8 bis 10 Minuten schmoren. Mit Salz und Pfeffer würzen.

5. Die Kartoffelhälften in heißem Öl goldbraun braten. 400 ml Hähnchenfond abmessen, aufkochen lassen, mit Soßenbinder binden und mit Salz und Pfeffer abschmecken.

6. Hähnchen, Wirsing, Kartoffeln und Soße auf Tellern anrichten und nach Belieben mit Petersilie und Thymian garniert servieren.

Die Holländer sind vorne vom Feinsten bestückt!

Oliver Kahn

Wenn der Mann in Schwarz pfeift, kann der Schiedsrichter auch nichts mehr machen!

Andreas Brehme

In einem Jahr hab ich mal 15 Monate durchgespielt.

Franz Beckenbauer

Knuspriges Pommern-Baguette

1. Den Backofen auf 200° C, Umluft 180° C, Gas Stufe 4 vorheizen.

2. Das Baguette im Abstand von ca. 2 cm schräg in Scheiben ein-, aber nicht durchschneiden. Den Gouda in sehr feine Würfel (ca. 3 mm) schneiden. Die Teewurst mit den Röstzwiebeln und den Käsewürfeln gut vermischen und mit einem Messer in die Einschnitte streichen. Danach das Baguette mit Alufolie umwickeln und ca. 10 Minuten knusprig aufbacken.

3. Währenddessen die Tomaten waschen, halbieren, den Stielansatz entfernen und das Fruchtfleisch in Scheiben schneiden. Die Frühlingszwiebeln putzen, waschen und schräg in Ringe schneiden. Essig, Öl und Basilikum verrühren, mit den Gewürzen abschmecken und mit Tomaten und Zwiebeln mischen.

Zutaten für 4 Personen:

Für das Baguette:
1 dünnes, langes Baguettebrot (ca. 50 cm)
75 g Gouda
150 g feine Teewurst (z. B. Rügenwalder)
50 g Röstzwiebeln

Für den Tomaten-Zwiebel-Salat:
500 g Strauchtomaten
4 Frühlingszwiebeln
3 EL heller Balsamicoessig
2 EL Olivenöl
2 EL Basilikumblättchen, geschnitten
Salz
bunter, grob geschroteter Pfeffer
1 Prise Zucker

Schinken-Carpaccio

1. Vier Teller mit Salz und Pfeffer leicht bestreuen und jeweils drei Scheiben Schinken dekorativ darauf anrichten.

2. Die Paprikaschoten putzen, entkernen, waschen und das Fruchtfleisch fein würfeln, mit den Walnüssen und Sonnenblumenkernen vermischen. Die Kräuter waschen, trockentupfen, klein schneiden, mit Essig, Brühe und Öl sowie der Paprikamischung verrühren und mit Salz und Pfeffer abschmecken.

3. Die Schinkenscheiben mit der Vinaigrette beträufeln und mit einer bunten Salatgarnitur und Kräutern garniert servieren. Dazu schmeckt frisches, knuspriges Brot.

ZUTATEN FÜR 4 PERSONEN:

12 Scheiben Kochschinken (z. B. Pommern Spieß)
Salz
frisch gemahlener Pfeffer
je ½ rote und gelbe Paprikaschote
50 g gehackte Walnüsse
20 g geröstete Sonnenblumenkerne
2 EL Schnittlauch
1 EL Basilikum
je ½ EL Oregano, Thymian und Petersilie
3 EL dunkler Balsamicoessig
5 EL heller Balsamicoessig
100 ml Gemüsebrühe
80 ml Limonenolivenöl (ersatzweise: Olivenöl mit einem Spritzer Zitrone)
bunte Blattsalate

Es war toll, es war Klasse, es war wie ein Albtraum.
Torsten Legat

Eisgekühlter Bommerlunder …

ZUTATEN PRO PERSON:

JE 2 CL EISGEKÜHLTER BOMMERLUNDER

1. Exote

1 Mangospalte
1 Scheibe Katenrauchschinken
1 Stück eingelegte Peperoni

2. Wikinger

1 Kräcker
etwas geräucherte Mettwurst
1 Stück Roquefort
½ Kirsche

3. Möwenschiss

1 runde Scheibe Katenrauchmettwurst
1 Klecks Senf (am besten Kräutersenf)

4. Flensburger Reiter

5 cm Räucheraal
1 ausgestochener Kreis Roggenbrot
etwas Butter zum Bestreichen
⅛ hart gekochtes Ei
frische Dillspitzen

5. Büsumer

2–4 große Krabben
1 Stückchen Zitrone
frische Dillspitzen

6. Smutje

1 ausgestochener Kreis Schwarzbrot
etwas Butter zum Bestreichen
1 Stück gewässerter Matjes
2 kleine Zwiebelringe
1 Klecks saure Sahne

Die übrigen Zutaten jeweils auf den Brotscheiben oder Kräckern arrangieren bzw. auf Holzspießchen stecken und über das Glas legen.

Schlemmer-Schnitte

1. Die Brotscheiben mit der Remouladensoße bestreichen und danach mit Roastbeef belegen.

2. Die Gurken abtropfen lassen und längs in dünne Scheiben schneiden.

3. Das Öl in einer Pfanne erhitzen und vier Spiegeleier darin braten. Die Eier auf die Brote verteilen, mit Pfeffer bestreuen und mit den Gurkenscheiben belegt servieren.

ZUTATEN FÜR 4 PERSONEN:

4 Scheiben Bauernbrot
4 EL Remouladensoße, dänische Art (z. B. von Kühne)
200 g Roastbeef-Aufschnitt
200 g kleine, eingelegte Gurken (z. B. von Kühne)
2 EL Speiseöl
4 Eier
grob geschroteter Pfeffer

In der Schlussphase war der Pfosten der Einzige, auf den wir uns 100%ig verlassen konnten!

Christoph Daum

Gemüsespagetti mit Petersilienpesto

1. Die Petersilie waschen, trockenschütteln und die Blättchen abzupfen. Die Knoblauchzehe schälen. Alles zusammen mit dem geriebenen Käse sowie dem Öl in einen Behälter geben und mit einem Pürierstab fein hacken. Mit Salz und Pfeffer abschmecken.

2. Die Möhren und Zucchini putzen, waschen und in feine Streifen hobeln. Die Spagetti in reichlich Salzwasser nach Packungsanweisung garen.

3. Fünf Minuten vor Ablauf der Garzeit der Nudeln die Gemüsestreifen in das Spagettiwasser geben und mitgaren. Danach in ein Sieb abgießen, dabei ca. 50 ml Wasser auffangen.

4. Zum Schluss die Gemüsespagetti mit dem Pesto mischen und servieren. Sollte das Pesto zu fest sein, etwas Nudelwasser unterrühren.

ZUTATEN FÜR 4 PERSONEN:

125 g glatte Petersilie
1 Knoblauchzehe
60 g geriebener Allgäuer Emmentaler
1/8 l Rapsöl
Salz
Pfeffer
200 g Möhren
1 Zucchini
300 g Spagetti

Hörnchen-Nudeln mit Currysoße

1. Die Hörnchen-Nudeln in reichlich Salzwasser bissfest garen.

2. Die Schalotten schälen und in feine Würfel schneiden. 100 g Butter in einem Topf schmelzen und die Schalottenwürfel darin anschwitzen, mit dem Currypulver bestäuben und mit Weißwein sowie Sahne ablöschen. Die Soße so lange köcheln lassen, bis sie eine cremige Konsistenz erreicht hat.

3. Währenddessen die restliche Butter in einer Pfanne erhitzen und die Mandelblättchen darin anrösten. Zusammen mit den Krabben zur Soße geben und mit Salz, Pfeffer und Cayennepfeffer herzhaft würzen.

4. Die Nudeln abgießen und zusammen mit der Soße in tiefen Tellern anrichten.

Zutaten für 4 Personen:

500 g Hörnchen-Nudeln
2 Schalotten
110 g deutsche Butter
2 TL Currypulver
1/8 l Weißwein
1/8 l süße Sahne
50 g Mandelblättchen
100 g Nordseekrabben, gegart
Salz
weißer Pfeffer
Cayennepfeffer

Das Schlechteste am heutigen Spiel ist, dass ich nichts zu meckern habe.
Felix Magath

Als die Zuschauer mir den Mittelfinger gezeigt haben, wusste ich: Es ist wie immer.
Christian Wörns

Knusperfleisch süßsauer

1. Die Schnitzel in ca. 2 cm breite Streifen schneiden und mit der Panade vermischen. Den Weißkohl oder Wirsing putzen, waschen und in feine Streifen hobeln.

2. Den Reis in reichlich Salzwasser ca. 15 bis 20 Minuten garen, danach abgießen und warm stellen.

3. Einen Esslöffel Öl in einer Pfanne oder einem Wok erhitzen und den Weißkohl oder Wirsing darin andünsten. 100 ml Wasser angießen und abgedeckt ca. 10 Minuten garen. Dann die Soße hinzufügen und kurz mit erhitzen.

4. Währenddessen das restliche Öl in einer zweiten Pfanne erhitzen und die Fleischstreifen knusprig anbraten. Auf Tellern anrichten und mit Reis und Gemüse servieren.

Zutaten für 2 Personen:

300 g Schweineschnitzel
40 g gewürzte Panade
250 g Weißkohl oder Wirsing
125 g Basmati & Thai Reis
(z. B. von Uncle Ben's)
2 EL Speiseöl
1 Glas Soße „Chinesische Art"
(z. B. von Uncle Ben's)

Wenn ich über's Wasser laufe,
dann sagen meine Kritiker:
„Nicht mal schwimmen kann er!"

Berti Vogts

Rote-Bete-Spieße

1. Die Rote-Bete-Kugeln in ein Sieb abgießen und gut abtropfen lassen.

2. Den Apfel schälen, vierteln, das Kerngehäuse entfernen und das Fruchtfleisch reiben. Zusammen mit Jogurt und Sahnemeerrettich verrühren, die Walnüsse hinzufügen und mit Salz sowie Pfeffer pikant abschmecken.

3. Das Kasseler in Würfel von der Größe der Rote-Bete-Kugeln schneiden und beides abwechselnd auf acht Spieße stecken.

4. Das Öl in einer Pfanne erhitzen und die Spieße rundherum darin anbraten. Auf einer Platte oder Tellern anrichten und zusammen mit dem Dip servieren.

Zutaten für 4 Personen:

1 Glas Rote-Bete-Kugeln (z. B. von Kühne)
1 kleiner Apfel
300 g Naturjogurt
1 TL Sahnemeerrettich (z. B. von Kühne)
1 EL gehackte Walnüsse
400 g Kasseler (Lachsstück), gegart
2 EL Öl
Salz
Pfeffer

Der Jürgen Klinsmann und ich, wir sind ein gutes Trio. Ich meinte: ein Quartett.

Fritz Walter d. J.

Ich habe immer gesagt, mich interessiert nicht, wer spielt. Hauptsache, ich spiele.

Mario Basler

Pommersche Himmel und Erde

Zutaten für 4 Personen:

- 600 g mehlig kochende Kartoffeln
- Salz
- 1 kg säuerliche Äpfel (z. B. Boskop, Cox Orange)
- 125 ml Weißwein
- etwas Zitronensaft
- frisch gemahlener Pfeffer
- Zucker
- 4 Zwiebeln
- 2 EL Butter
- 100 ml steif geschlagene Sahne
- 1 Prise geriebene Muskatnuss
- 400 g grobe Gutsleberwurst (z. B. Pommersche)
- Mehl zum Wenden
- 1 EL Butterschmalz

1. Die Kartoffeln schälen, waschen, in Salzwasser garen, kurz ausdampfen lassen, durch eine Kartoffelpresse drücken und warm halten.

2. Die Äpfel schälen, vierteln, das Kerngehäuse entfernen und das Fruchtfleisch in feine Scheiben schneiden. Die Äpfel mit Wein, Zitronensaft, etwas Salz, Pfeffer und Zucker ca. fünf bis zehn Minuten dünsten.

3. Die Zwiebeln schälen, in Ringe schneiden und in der erhitzten Butter goldbraun braten. Die Äpfel mit den durchgedrückten Kartoffeln mischen, die Sahne unterheben und das Ganze mit Salz, Pfeffer sowie Muskat abschmecken.

4. Die Leberwurst in ca. 1 cm dicke Scheiben schneiden, in Mehl wenden und in dem erhitzten Butterschmalz kurz von beiden Seiten braten. Zusammen mit den Zwiebelringen, dem Apfel-Kartoffelpüree und nach Wunsch mit frischem Majoran anrichten und servieren.

So schnell, wie ich heute gelaufen bin,
konnte mich keine Kamera einfangen!
Mario Basler

ZUTATEN FÜR 4 PERSONEN:

750 g mehlig kochende Kartoffeln
Salz
1 kg Äpfel
1 Zimtstange
Schale einer unbehandelten Zitrone
100 g Zucker
1/8 l Milch
200 g durchwachsener Speck
500 g geräucherte Blutwurst
1 EL Butterschmalz

Himmel und Erde „klassisch“

1. Die Kartoffeln waschen, schälen und in Salzwasser garen.

2. Die Äpfel schälen, entkernen und das Fruchtfleisch grob würfeln. In einem Topf mit ⅛ l Wasser, der Zimtstange und der Zitronenschale weich kochen. Den Zucker hinzufügen und die Äpfel zu feinem Mus schlagen. Die Kartoffeln mit der Milch ebenfalls zu Püree schlagen.

3. Den Speck in kleine Würfel, die Blutwurst in ca. 5 mm dicke Scheiben schneiden. Das Butterschmalz in einer Pfanne erhitzen und den Speck sowie die Blutwurst darin knusprig ausbraten, alles anrichten und servieren.

Matjes mit Birnen, Bohnen und Speck

Zutaten für 2 Personen:

150 g Crème fraîche
1 TL Petersilie, gerebelt (z. B. von Ostmann)
½ TL Pfeffer, weiß, gemahlen (z. B. von Ostmann)
Salz
2 reife Birnen
1 kleine, weiche Banane
1 gehäufter EL Zucker
ca. ½ TL Vanillearoma, granuliert (z. B. von Ostmann)
1 cl Birnengeist
1 EL Zitronensaft
250 g grüne Bohnen
1 TL Bohnenkraut, gerebelt (z. B. von Ostmann)
4 Scheiben Bacon
1 EL Speiseöl
4 Matjesfilets
4 Walnusskerne

1. Die Crème fraîche mit der Petersilie verrühren, mit Pfeffer und Salz würzen.

2. Die Birnen und die Banane schälen, bei den Birnen das Kerngehäuse entfernen und das Fruchtfleisch in Stücke schneiden. Birnen, Zucker und Banane zusammen mit Vanillearoma, Birnengeist und Zitronensaft in einem Topf weich dünsten und pürieren.

3. Die Bohnen waschen, putzen und in kochendem Salzwasser zusammen mit dem Bohnenkraut ca. 10 Minuten garen, danach bündelweise mit Bacon umwickeln und in erhitztem Öl kurz anbraten.

4. Die Matjesfilets aufrollen, mit Crème fraîche füllen, auf dem Birnenmus anrichten und mit Walnüssen garnieren, die Bohnenbündel anlegen und servieren.

Jeder kann sagen, was ich will.
Otto Rehhagel

> Ich hatte noch nie Streit mit meiner Frau. Bis auf das eine Mal, als sie mit auf's Hochzeitsfoto wollte.
>
> Mehmet Scholl

Fischauflauf

1. Den Backofen auf 180° C, Umluft 160° C, Gas Stufe 3 vorheizen. Den Spinat auftauen lassen.

2. Die Knoblauchbutter in einem Topf erhitzen und den Spinat darin andünsten. Mit Salz und Muskat würzen.

3. Den Fisch waschen, trockentupfen und mit Zitronensaft, Pesto und Salz würzen. Die Filets in eine Auflaufform legen und den Spinat darüber verteilen. Den Mozzarella abtropfen lassen, in Scheiben schneiden und den Spinat damit belegen.

4. Den Auflauf ca. 30 bis 40 Minuten im Backofen garen. Vor dem Servieren mit buntem Pfeffer bestreuen und nach Wunsch mit Pinienkernen und Zitronenzesten garnieren.

Zutaten für 4 Personen:

1 Packung TK-Blattspinat (450 g)
1 EL Knoblauchbutter
Salz
geriebene Muskatnuss
4 Rotbarschfilets (à ca. 150 g)
2 TL Zitronensaft
3 TL Pesto
1 Packung Mozzarella (400 g, z. B. von Galbani)
bunter, grob geschroteter Pfeffer

Zum Garnieren:
Pinienkerne
Zitronenzesten

Zutaten für 4 Personen:

1 Bund kleine Möhren
1 Bund Frühlingszwiebeln
1 Kohlrabi
1 Brokkoli
2 EL Butter
100 ml Gemüsebrühe
Salz
frisch gemahlener Pfeffer

Für den Dip:
1 Becher Ricotta (250 g, z. B. von Galbani)
2 EL Milch
3 EL frische, gehackte Kräuter (z. B. Petersilie, Schnittlauch, Bärlauch, usw.)
Salz
Pfeffer

Gemüsepfanne mit Ricotta-Dip

1. Die Möhren schälen, die Frühlingszwiebeln putzen, waschen und schräg in Ringe schneiden, die Möhren eventuell längs halbieren. Den Kohlrabi schälen und in Stifte schneiden, den Brokkoli in Röschen zerteilen und waschen.

2. Die Butter in einer großen Pfanne erhitzen und die Möhren, den Kohlrabi sowie den Brokkoli darin andünsten. Mit der Brühe aufgießen und abgedeckt ca. 10 bis 15 Minuten garen. Danach den Deckel abnehmen und die Flüssigkeit verdampfen lassen.

3. Die Frühlingszwiebeln ca. fünf Minuten vor Ende der Garzeit dazugeben und zum Schluss die Gemüsepfanne mit Salz und Pfeffer abschmecken.

4. Für den Dip den Ricotta mit der Milch glatt rühren, die Kräuter hinzufügen und mit Salz und Pfeffer würzen. Alles zusammen auf einer Platte oder Tellern anrichten.

Ja, gut. Es gibt nur eine Möglichkeit: Sieg, Unentschieden oder Niederlage …

Franz Beckenbauer

Heute hätte ich meine Sporttasche ins Tor stellen können, dann hätten wir zwei Stück weniger gekriegt!

Oliver Kahn

Ich habe es mir sehr genau überlegt und dann spontan zugesagt.

Toni Polster

Zutaten für 4 Personen:

800 g fest kochende Kartoffeln
800 g Möhren
½ TL Zucker
1 Prise Salz
3–4 EL Öl
Gewürz-Salz „Steak-Pfeffer" (z. B. von Bad Reichenhaller)
8 Schweinesteaks (à ca. 75 g)
4 EL weiche Butter

Minutensteak mit Möhrengemüse

1. Die Kartoffeln in reichlich Salzwasser ca. 15 Minuten kochen. Anschließend kalt abspülen, pellen und halbieren.

2. Zwischenzeitlich die Möhren schälen und in kleine Stücke schneiden. 200 ml Wasser aufkochen, Zucker und Salz hinzufügen und die Möhrenstücke darin zugedeckt ca. 12 Minuten garen.

3. Zwei Esslöffel Öl in einer Pfanne erhitzen und die Kartoffelhälften darin unter Wenden braten, mit dem Gewürz-Salz abschmecken.

4. Währendessen die Steaks waschen, trockentupfen und in zwei Esslöffel Öl von jeder Seite ca. zwei bis drei Minuten braten.

5. Die Butter ebenfalls mit dem Gewürz-Salz würzen und in einen Spritzbeutel füllen. Die Steaks zusammen mit den Kartoffeln, dem Möhrengemüse und je einer Butterrosette auf Tellern anrichten.

Jetzt stehen die Chancen 50:50 oder gar sogar 60:60.

Rainer Calmund

Rumpsteak mit Frühlingszwiebeln

1. Den Wein und das Wasser zusammen mit Salz und Pfeffer in einen Topf geben und aufkochen lassen. Die Frühlingszwiebeln putzen und in der kochenden Weinlösung fünf Minuten sieden, danach herausnehmen und gut abtropfen lassen.

2. Die Rumpsteaks im heißen Butterschmalz ca. drei bis vier Minuten braten, wenden, die Zwiebeln dazugeben, mit Zitronenpfeffer würzen und wiederum ca. drei bis vier Minuten braten.

3. Danach die Steaks aus der Pfanne nehmen und auf einer vorgewärmten Platte anrichten.

4. Die in der Pfanne verbliebenen Zwiebeln mit dem Zucker bestreuen und unter ständigem Schütteln der Pfanne karamellisieren lassen. Zum Schluss die Steaks damit umlegen und das Ganze mit Petersilie sowie Tomatenachteln garnieren.

Zutaten für 4 Personen:

$\frac{1}{4}$ l Weißwein
$\frac{1}{4}$ l Wasser
Salz
Pfeffer
2 Bund Frühlingszwiebeln
4 Rumpsteaks (à ca. 180 g)
4 EL Butterschmalz
Zitronenpfeffer
1 TL Zucker
2 Stängel Petersilie
1 Tomate

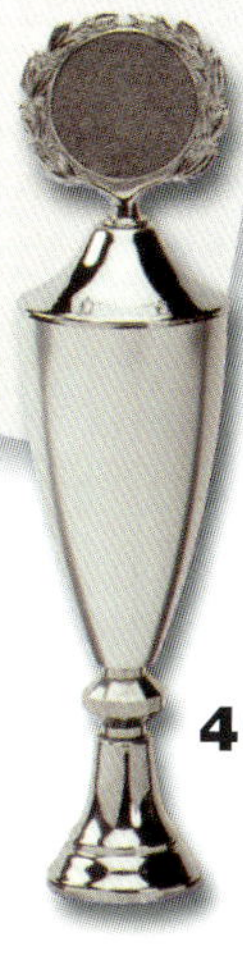

Schmetterlingssteak mit Schnittlauch-Senf-Butter

Zutaten für 4 Personen:

½ Bund Schnittlauch
75 g weiche Butter
1 TL mittelscharfer Senf
Salz
Pfeffer
etwas Zitronensaft
1 kleiner Kopfsalat
125 g Kirschtomaten
½ Salatgurke
3 EL Zitronenessig
5 EL Öl
1 Prise Zucker
4 Schmetterlingssteaks (à ca. 175 g)
25 g deutsche Butter

1. Den Schnittlauch waschen, trockenschütteln und in feine Röllchen schneiden. Die weiche Butter mit dem Senf verkneten, den Schnittlauch darunter mischen und alles mit Salz, Pfeffer sowie Zitronensaft abschmecken.

2. Den Salat putzen, waschen und in Stücke zupfen. Die Tomaten waschen und vierteln, die Gurke in Scheiben schneiden. Alles zusammen in einer Schüssel locker mischen. Aus Zitronenessig, drei Esslöffeln Öl, Salz, Pfeffer und Zucker eine Vinaigrette rühren und den Salat damit anmachen.

3. Die Steaks waschen und trockentupfen. Das restliche Öl erhitzen und das Fleisch darin von jeder Seite drei Minuten braten. Kurz vor Ende der Bratzeit die 25 g Butter hinzufügen und die Steaks mit Salz sowie Pfeffer würzen.

4. Das Fleisch zusammen mit dem Salat auf Tellern anrichten. Die Senf-Butter in einen Spritzbeutel füllen und die Steaks mit einer Butterrosette garniert servieren.

Wir überlegten, jemanden vom Arbeitsamt zu holen, der den Spielern Alternativberufe zeigt!

Christoph Daum

Man darf das Spiel doch nicht so schlecht reden, wie es wirklich war.

Olaf Thon

ANGREIFEN
NOCH VERLETZT?
Mayer
Glaser
Bent
Fischer
BANK:
Reinhold
Maus
Steinberg
Roth
Jahn
Weber
Schmitt
Neumann
OFFENSIV
Neumann auf Glaser UND: SCHUSS!
wird ausgewechselt 60. Minute!

Grillvariationen

1. Marinierte Nackenkoteletts

Die Nackenkoteletts waschen. Essig-Essenz, Wasser, Öl, Kräuter und Pfeffer verrühren. Nackenkoteletts mindestens 30 Minuten marinieren und danach grillen.

Zutaten für 4 Personen:

4 Nackenkoteletts
2 EL Essig-Essenz (z. B. von Surig)
2 EL Wasser
2 EL Öl
1 TL getrocknete Kräuter der Provence
1 TL grober Pfeffer

2. Marinierte Rippchen

Sojasoße, Chilischoten sowie Salz verrühren und die Rippchen darin ca. 30 Minuten marinieren. Während des Grillens mit dem Honig bestreichen.

Zutaten für 4 Personen:

4 Grillrippchen
4 EL Sojasoße
½ TL getrocknete Chilischoten
½ TL Salz
2 EL Honig

3. Putenschnitzel, mit Mozzarella gefüllt

Die Tomate waschen, den Mozzarella trockentupfen und beides in Scheiben schneiden. Die Putenschnitzel mit Salz und Pfeffer würzen, jeweils mit Tomate, Mozzarella und dem gewaschenen Basilikum belegen, zusammenklappen, mit Holzstäbchen feststecken und dann grillen.

Zutaten für 4 Personen:

4 dünne Putenschnitzel
1 Tomate
80 g Mozzarella
Salz
weißer Pfeffer
einige Blätter Basilikum

4. Tomaten-Ananas-Dip

Den Knoblauch schälen und fein würfeln. Die Butter in einem Topf erhitzen und den Knoblauch darin andünsten. Die Tomaten dazugeben und dicklich einkochen lassen. Die Ananasstücke abtropfen lassen, hinzufügen und mit Salz, Sambal Oelek sowie Essig-Essenz abschmecken.

Zutaten für 4 Personen:

1 Knoblauchzehe
10 g Butter
1 Packung stückige Tomaten mit Zwiebeln
1 Dose Ananasstücke
Salz
1 TL Sambal Oelek
1 Spritzer Essig-Essenz (z. B. von Surig)

5. Mangosoße

Die Crème fraîche mit dem Mango-Chutney und der Essig-Essenz verrühren. Mit Salz, Pfeffer und Currypulver abschmecken.

Zutaten für 4 Personen:

200 g Crème fraîche
2 EL Mango-Chutney
1 Spritzer Essig-Essenz (z. B. von Surig)
Salz
weißer Pfeffer
½ TL Currypulver

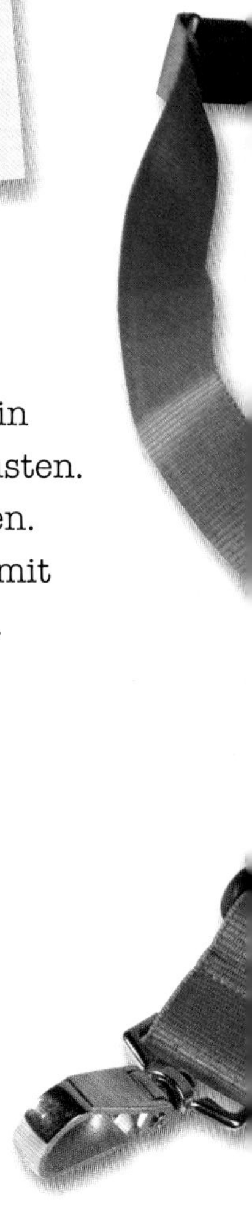

Mit der englischen Sprache ist es wie mit meiner Frau: Ich liebe sie, habe sie aber nicht immer unter Kontrolle.

Egidius Braun

Ich glaube nicht, dass wir das Spiel verloren hätten, wenn es 1:1 ausgegangen wäre.

Uli Hoeneß

Koteletts à la Teriyaki

Zutaten für 4 Personen:

4 durchwachsene Schweinekoteletts
6 EL Teriyaki-Marinade
(z. B. von Kikkoman)
2 EL Öl
grob gemahlener Pfeffer
4 Tomaten

1. Die Koteletts in der Marinade ca. drei Stunden zugedeckt im Kühlschrank marinieren.

2. Danach herausnehmen, abtupfen, mit dem Öl bestreichen und auf dem Grill von jeder Seite ca. acht Minuten garen.

3. Nach Geschmack mit grob gemahlenem Pfeffer würzen.

4. Die Tomaten mit einem scharfen Messer an dem Blütenansatz über Kreuz einschneiden und ca. fünf bis acht Minuten mitgrillen.

Wir sind hierher gefahren und haben gesagt: Okay, wenn wir verlieren, fahren wir wieder nach Hause.

Marco Rehmer

Zutaten für 10 Stück:

10 frische, rote Spitzpaprikaschoten

Für die Füllung:
400 g Ziegenfrischkäse
40 g Crème fraîche
Salz
$^1/_4$ TL Rosenpaprika (z. B. von Fuchs)
2 TL Salatkräuter, gerebelt (z. B. von Fuchs)
$^1/_2$ TL bunter Pfeffer (z. B. von Fuchs)
100 g grüner Blattsalat

Für die Vinaigrette:
6 EL Walnussöl
6 EL Balsamicoessig
2 Msp. Koriander, gemahlen (z. B. von Fuchs)
$^1/_2$ TL bunter Pfeffer (z. B. von Fuchs)
$^1/_2$ TL Salatkräuter, gerebelt (z. B. von Fuchs)
Salz
1 EL Honig

Gefüllte Paprikaschoten

1. Die Paprikaschoten waschen, die Deckel abschneiden, das Kerngehäuse und die weißen Innenhäute entfernen und die Paprikaschoten so lange grillen, bis die Haut Blasen wirft. Etwas abkühlen lassen und die Haut abziehen.

2. Für die Füllung den Frischkäse mit Crème fraîche verrühren und mit den Gewürzen pikant abschmecken. Die Masse in die Schoten füllen und nach Wunsch vor dem Servieren auf dem Grill kurz erhitzen.

3. Den Salat putzen, waschen, in mundgerechte Stücke zupfen und auf einer Platte anrichten. Die Zutaten für die Vinaigrette verrühren, pikant abschmecken, den Salat damit beträufeln und mit den gefüllten Paprikaschoten belegen.

Ich bin der linke, mittlere, defensive Offensivspieler.
Christian Ziege

ZUTATEN FÜR 6 GLÄSER:

50 g Zucker
1 kleiner Apfel
100 g Erdbeeren
100 g Himbeeren
3 Flaschen gut gekühltes Altbier
evtl. Himbeeren, Apfelscheiben und Zitronenmelisse zum Garnieren

Auch die Schiedsrichter-Assistenten an der Linie haben heute ganz ordentlich gepfiffen.

Wilfried Mohren

Altbierbowle

1. 50 ml Wasser und den Zucker in einen kleinen Topf geben und unter Rühren aufkochen lassen, bis sich der Zucker aufgelöst hat. Vom Herd nehmen und abkühlen lassen.

2. Zwischenzeitlich den Apfel waschen, vierteln und das Kerngehäuse herausschneiden. Das Fruchtfleisch in Stücke schneiden. Die Erdbeeren waschen, putzen und vierteln. Die Himbeeren verlesen.

3. Die Früchte in ein Bowle-Gefäß geben und den abgekühlten Zuckersirup darüber gießen. Ca. eine Stunde zugedeckt ziehen lassen. Danach mit gut gekühltem Altbier auffüllen, auf die Gläser verteilen und nach Belieben mit Himbeerspießen, Apfelscheiben und Melisse verziert servieren.

Ich habe ihn ausgewechselt, weil ich einen anderen Spieler einwechseln wollte. Da musste ich einen auswechseln.

Ewald Lienen

JAKO
Bier
Bier

Käsesalat

1. Den Leerdammer grob raspeln. Die Zwiebeln schälen und fein würfeln.

2. Die Speckwürfel in einer heißen Pfanne ohne Fett ausbraten, auf Küchenpapier geben und abkühlen lassen.

3. Den Schmand mit dem geraspelten Käse, dem grünen Pfeffer sowie den Zwiebel- und Speckwürfeln verrühren und mit Salz abschmecken.

Tipp:
Schmeckt sehr gut zu ofenfrischem Brot oder mit Crackern, Grissini & Co.

Zutaten für 4 Personen:

200 g Leerdammer
2 rote Zwiebeln
100 g Speckwürfel
250 g Schmand
2 TL grüner, eingelegter Pfeffer
Salz

Ich glaube, dass der Tabellenerste jederzeit den Spitzenreiter schlagen kann.
Berti Vogts

Zutaten für 4 Personen:

150 g frischer Salat nach Wunsch (z. B. Chicorée, Radicchio, Eisbergsalat)
1 rote Zwiebel
1 Frühlingszwiebel
2 Tomaten
je 1 gelbe und grüne Paprikaschote
1 kleine Salatgurke
6 EL 7 Kräuter Essig (z. B. von Surol)
8 EL Olivenöl
Salz
bunter Pfeffer
Zucker
1 EL Schnittlauchröllchen
200 g Schafskäse
1 Ei
6 EL Paniermehl
1 TL Pizzakräuter

Hirtensalat

1. Den Backofen auf 220° C, Umluft 200° C, Gas Stufe 5 vorheizen.

2. Den Salat putzen, waschen und in mundgerechte Stücke zupfen. Die Zwiebel schälen, die Frühlingszwiebel putzen und beides in Ringe schneiden. Tomaten, Paprikaschoten und Gurke vorbereiten und klein schneiden.

3. Die Salatzutaten dekorativ auf Tellern anrichten. Kräuteressig und Öl für das Dressing verrühren, pikant mit Salz, Pfeffer und Zucker abschmecken, Schnittlauchröllchen unterrühren und den Salat damit beträufeln.

4. Den Schafskäse vierteln und auf ein mit Backpapier ausgelegtes Backblech legen. Das Ei verquirlen, mit Paniermehl und Pizzakräutern verrühren, die Masse auf dem Schafskäse verteilen und ca. fünf Minuten überbacken. Auf dem Salat anrichten und mit knusprigem Baguette servieren.

Zutaten für 4 Personen:

600 g Pellkartoffeln
2 rotschalige Äpfel
je 1 grüne und orange Paprikaschote
2 Schalotten
300 g Kochschinken mit Kruste (z. B. Pommern Spieß)
1 Beet Kresse

Für die Senf-Vinaigrette:
8 EL Apfelessig
8 EL Walnussöl
2 TL süßer Senf
2 EL gemischte, gehackte Kräuter (z. B. Schnittlauch, Petersilie, usw.)
Salz
Pfeffer
Zucker

Bauernsalat

1. Die Kartoffeln gründlich waschen, als Pellkartoffeln garen, etwas abkühlen lassen, pellen und in Scheiben schneiden.

2. Die Äpfel waschen, vierteln, das Kerngehäuse entfernen und das Fruchtfleisch in Scheiben schneiden. Die Paprikaschoten halbieren, putzen, entkernen, waschen und das Fruchtfleisch in Streifen schneiden.

3. Die Schalotten schälen und in Ringe, den Kochschinken ebenfalls in Streifen schneiden. Die Kresse vom Beet schneiden und waschen.

4. Essig, Öl, Senf und Kräuter verrühren, mit den Gewürzen abschmecken und mit den Salatzutaten vermischen. Das Ganze kurze Zeit durchziehen lassen und servieren.

Wir spielen am besten, wenn der Gegner nicht da ist.
Otto Rehhagel

Ich fliege irgendwo in den Süden – vielleicht nach Kanada oder so.
Mehmet Scholl

Nudelsalat

1. Die Gabelspagetti nach Packungsanweisung „al dente“ garen, abtropfen und abkühlen lassen.

2. Den Bierschinken und den Käse würfeln. Die Erbsen kurz blanchieren. Die Tomaten waschen, halbieren und den Stielansatz entfernen. Die Ananas schälen, halbieren, den Strunk entfernen und das Fruchtfleisch würfeln.

3. Den Jogurt, die Majonäse, den Essig und die Kräuter verrühren, mit den Gewürzen abschmecken und mit den Salatzutaten vermischen. Das Ganze kurze Zeit durchziehen lassen und mit den Croûtons sowie den Sonnenblumenkernen bestreut servieren.

ZUTATEN FÜR 4 PERSONEN:

200 g Gabelspagetti
300 g feiner Bierschinken (z. B. Schinkenspicker)
150 g Emmentaler
200 g TK-Erbsen
200 g Kirschtomaten
1 kleine Ananas (ca. 200 g)

Für das Dressing:
200 g Jogurt
50 g Salatmajonäse
3–4 EL Kräuteressig
je 1 EL Schnittlauchröllchen und gehackte Petersilie
Salz
Pfeffer
Zucker
50 g Croûtons
2 EL geröstete Sonnenblumenkerne

Fußballersonne

1. Das Mehl in eine Schüssel geben und Hefe sowie Zucker untermischen. Zusammen mit der lauwarmen Milch zu einem geschmeidigen Teig kneten und abgedeckt 30 Minuten gehen lassen.

2. Die Haferflocken und das Salz hinzufügen, durchkneten und weitere 20 bis 30 Minuten an einem warmen Ort gehen lassen.

3. Aus dem Teig kleine Kugeln formen, auf einem mit Backpapier ausgelegten Blech zu einem Kranz zusammensetzen und erneut 20 bis 30 Minuten ruhen lassen.

4. Mit etwas Milch bestreichen und abwechselnd mit Kümmel, Mohn, Sesam und Haferflocken bestreuen. Im vorgeheizten Backofen bei 220° C, Umluft 200° C, Gas Stufe 5 ca. 25 bis 30 Minuten backen.

Zutaten für ca. 34 Brötchen:

700 g Weizenmehl Type 550
3 Päckchen Trockenhefe
1 TL Zucker
850 ml lauwarme Vollmilch
500 g Haferflocken (z. B. Blütenzarte von Kölln)
1 TL Salz
Kümmel, Mohn, Sesam sowie Haferflocken (z. B. Echte Kernige von Kölln) zum Bestreuen

Tipp:

Zu dem Brötchenkranz kann man verschiedene Buttervariationen reichen.

Als Grundrezept ca. 50 g Butter verwenden und diese dann nach Belieben mit Gewürzen verkneten. Sehr gut eignen sich Pfeffer, Curry-, Chili- oder Paprikapulver, aber auch ganz einfach nur Salz.

Wenn die so vorbereitete Butter noch mit einem Melonenausstecher zu Kugeln gedreht, zu Locken abgezogen oder in kleinen Backförmchen in Form gepresst serviert wird, isst auch das Auge mit!

Wir dürfen jetzt nur nicht den Sand in den Kopf stecken.

Lothar Matthäus

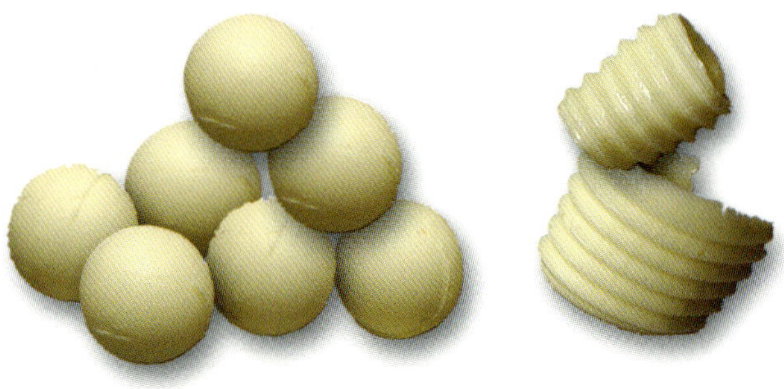

Es ist ein Sehnenabriss am Schambeinknochen. Hört sich lustig an – ist aber trotzdem beim Fußball passiert.

Thomas Strunz

Ich hatte vom Feeling her ein gutes Gefühl.

Andreas Möller

TV-Teller

1. Den Backofen auf 200° C, Umluft 180° C, Gas Stufe 3 vorheizen.

2. Die Hefe in ⅛ l lauwarmem Wasser auflösen. Das Mehl in eine Schüssel sieben. Den Hefeansatz, Ei, Backmalz und Butter dazugeben und das Ganze zu einem glatten Teig verkneten. Abgedeckt ca. 20 Minuten an einem warmen Ort gehen lassen.

3. Den Teig zu Stangen von ca. 1 cm Durchmesser formen, auf ein mit Backpapier ausgelegtes Backblech legen und 15 Minuten kalt stellen. Anschließend mit Wasser bestreichen, mit Mohn, Sesam oder Pfeffer bestreuen und ca. 15 Minuten backen.

4. Für den Dip Ricotta und Cremoso glatt rühren, den Rucola dazugeben und mit Salz, Pfeffer und Zitronensaft pikant abschmecken. Zu dem Dip Gemüsesticks reichen. Einige Grissini mit Schinken umwickeln.

Zutaten für 4 Personen:

Für die Grissini:
20 g frische Hefe
280 g Mehl
½ verquirltes Ei
15 g Backmalz (Reformhaus)
30 g weiche Butter
Zum Bestreuen: Mohn, Sesam, bunter, grob geschroteter Pfeffer
8 dünne Scheiben Parmaschinken

Für den Dip:
250 g Ricotta (z. B. von Galbani)
150 g Dolcelatte Cremoso (z. B. von Galbani)
50 g gehackter Rucola
Salz
Pfeffer
Zitronensaft

Käse-Bacon-Sticks

1. Das Schweinefilet trockentupfen, in ca. 2 cm große Würfel schneiden und etwas salzen sowie pfeffern. Die Garnelen waschen und trockentupfen. Die Salbeiblättchen abzupfen, waschen und trockentupfen.

2. Die Filetwürfel bzw. Garnelen mit jeweils einer Scheibe Bacon umwickeln, ein Salbeiblatt darauflegen und mit klcincn Holzspießen feststecken.

3. Das Öl in einer Pfanne erhitzen und die Spieße darin von allen Seiten knusprig braun braten.

4. Den Leerdammer ebenfalls in ca. 2 cm große Würfel schneiden und jeweils mit einer knusprigen Garnele oder einem Schweinefiletwürfel aufspießen.

5. Für den Dip Knoblauch schälen, zerdrücken, mit den übrigen Zutaten verrühren und pikant abschmecken.

Zutaten für 4 Personen:

200 g Schweinefilet
Salz
Pfeffer
8 küchenfertige, große Garnelen
½ Bund Salbei
100 g Bacon, in dünnen Scheiben
2 EL Öl
250 g Leerdammer

Für den Dip:

1 Knoblauchzehe
150 g Salatmajonäse
150 g Crème fraîche
1 TL Tomatenmark

Ich bin Optimist. Sogar meine Blutgruppe ist positiv.

Toni Polster

Zutaten für 4 Personen:

2 Pizza-Baguettes aus dem Kühlregal (z. B. von Meggle)
200 g bunte Tortellini
100 g Kräuterbutter (z. B. von Meggle)
5 Scheiben gekochter Schinken
1 kleines Glas grüne Oliven ohne Stein
1 Glas getrocknete Tomaten in Öl
200 g italienische Salami

Antipasti-Platte

Mein Körper besteht aus 68 Kilogramm stahlharter Erotik!

Mehmet Scholl

1. Die Pizza-Baguettes nach Packungsanweisung zubereiten. Die Tortellini in Salzwasser bissfest garen, abgießen und abtropfen lassen. Die Kräuterbutter schmelzen und die Nudeln darin schwenken.

2. Den gekochten Schinken aufrollen, in Röllchen schneiden und abwechselnd mit den Oliven und den Tomaten auf kleine Spieße stecken. Ebenso mit den Tortellini verfahren.

3. Die Salami in dünne Scheiben schneiden und alles zusammen auf einer Platte anrichten.

Ich grüße meine Mama, meinen Papa und ganz besonders meine Eltern!

Mario Basler

Gewollt hab ich schon gemocht, aber gedurft ham sie mich nicht.

Lothar Matthäus

MEGGLE

Tomaten-Mozzarella-Brötchen

> Es steht im Augenblick 1:1, aber es hätte auch umgekehrt lauten können.
>
> Heribert Faßbender

1. Die Sandwichbrötchen längs halbieren und alle vier Hälften mit Butter bestreichen. Anschließend die gewaschenen, trockengeschüttelten Salatblätter auf die unteren Hälften legen.

2. Den Mozzarella in Scheiben schneiden. Die Tomate waschen und ebenfalls in Scheiben schneiden. Beides auf die Salatblätter legen und mit Salz sowie Pfeffer würzen.

3. Das Basilikum waschen, trockenschütteln und die Blättchen abzupfen. Diese auf den Brötchen verteilen, die Deckel auflegen, leicht andrücken und servieren.

ZUTATEN FÜR 2 BRÖTCHEN:

2 flache Sandwichbrötchen
60 g deutsche Butter
8 kleine Salatblätter
1 Mozzarella (125 g)
1 Tomate
Salz
Pfeffer
2 Stängel Basilikum

Cheese-Burger

1. Die Brötchen längs halbieren. Die Crème fraîche mit Walnussöl und Ahornsirup verrühren. Den Knoblauch schälen und zerdrücken. Den Rucola waschen, putzen und grob hacken. Beides mit der Creme verrühren und mit Salz sowie dem bunten Pfeffer pikant abschmecken.

2. Die Hähnchenbrustfilets längs halbieren, etwas flach klopfen und in erhitztem Öl von beiden Seiten ca. vier bis fünf Minuten braten. Danach mit Salz sowie Currypulver pikant würzen und etwas abkühlen lassen.

3. Die Pfirsiche waschen, halbieren, den Stein entfernen und das Fruchtfleisch in Spalten schneiden.

4. Die Brötchenhälften mit der Creme bestreichen und die unteren Hälften zuerst mit Hähnchenbrust und Pfirsichen, zum Schluss mit dem Leerdammer belegen und mit den Oberhälften abdecken.

Zutaten für 4 Personen:

4 Brötchen
150 g Crème fraîche
2 EL Walnussöl
1 EL Ahornsirup
1 kleine Knoblauchzehe
75 g Rucola
Salz
bunter, grob geschroteter Pfeffer
2 Hähnchenbrustfilets (= 400 g)
2 EL Sonnenblumenöl
Currypulver
2 reife Pfirsiche
4 Scheiben Leerdammer

Ihr fünf spielt jetzt vier gegen drei.

Fritz Langner

Mühlenflügel

1. Den Toast knusprig goldbraun rösten und zweimal diagonal halbieren. Den Rettich schälen und in Scheiben schneiden.

2. Für die Creme den Frischkäse mit der Sahne glatt rühren. Apfel und Radieschen waschen, den Apfel fein raspeln, die Radieschen fein hacken und beides unter die Creme geben. Mit Salz und Pfeffer abschmecken sowie mit den Schnittlauchröllchen verfeinern.

3. ¼ der Toastscheiben mit der Leberwurst bestreichen, die Rettichscheiben darauf legen und mit jeweils einem Toastviertel abdecken. Die eine Hälfte der verbliebenen Toastecken mit der Creme bestreichen und mit den restlichen Toastecken abdecken.

4. Jeweils zwei Leberwurst- und zwei Cremeschnitten auf einem Teller zu einem „Mühlenflügel“ zusammenlegen.

Zutaten für 4 Personen:

8 Scheiben Mehrkorntoast
8 dünne Scheiben Rettich

Für die Creme:
200 g Frischkäse
2 EL süße Sahne
1 kleiner Apfel
8 Radieschen
Salz
Pfeffer
1 TL Schnittlauchröllchen
ca. 200 g feine Gutsleberwurst (z. B. Pommersche)

Je länger das Spiel dauert, desto weniger Zeit bleibt.
Marcel Reif

Tramezzinis

1. Das Sandwichbrot entrinden und eventuell anrösten.

2. Für die Creme den Räucherlachs in feine Streifen schneiden, mit der Crème fraîche, Senf, Honig und Thymian verrühren und mit Salz und Pfeffer abschmecken.

3. Den Radicchio putzen und waschen. Die Paprikaschote halbieren, putzen, waschen und das Fruchtfleisch in grobe Streifen (ca. 2 x 4 cm) schneiden.

4. Das Olivenöl in einer Pfanne erhitzen, die Paprikastreifen darin von beiden Seiten anbraten und auf Küchenkrepp abtropfen lassen. Die Brotscheiben mit der Creme bestreichen. Je vier Scheiben mit Radicchio, dem Leerdammer und Paprikastreifen belegen, mit den verbliebenen Brotscheiben abdecken und diagonal halbiert servieren.

Zutaten für 4 Personen:

8 Scheiben Sandwichbrot

Für die Creme:
125 g Räucherlachs
50 g Crème fraîche
2 TL mittelscharfer Senf
2 TL Honig
½ TL Thymian, gehackt
Salz
Pfeffer

Für den Belag:
1 kleiner Radicchio
1 große, rote Paprikaschote
2 EL Olivenöl
4 Scheiben Leerdammer Caractère

Die Sanitäter haben mir sofort eine Invasion gelegt.
Fritz Walter d. J.

Das Tor gehört zu 70 % mir und zu 40 % dem Wilmots.
Ingo Anderbrügge

Tunfisch-Häppchen

1. Den Tunfisch in ein Sieb geben und gut abtropfen lassen, mit einer Gabel etwas zerdrücken und mit dem Kräuterfrischkäse, dem Tomatenmark und dem Zitronensaft verrühren. Mit Salz und dem Pfeffer pikant abschmecken.

2. Aus den Roggenbrotscheiben Quadrate von ca. 6 x 6 cm schneiden.

3. Die Zwiebel schälen und in Ringe schneiden. Die Tomaten waschen, den Stielansatz entfernen und das Fruchtfleisch in Scheiben schneiden. Den Rucola putzen und waschen. Den Leerdammer in Scheiben schneiden, zu ca. 6 x 6 cm großen Quadraten ausschneiden und diese diagonal halbieren.

4. Die Brote jeweils mit der Tunfischcreme bestreichen, mit den Käse- und Tomatenscheiben sowie den Zwiebelringen belegen. Danach je zwei der Brote aufeinander setzen und mit dem Rucola auf einer Platte anrichten. Nach Wunsch mit buntem Pfeffer dekorieren.

ZUTATEN FÜR 4 PERSONEN:

100 g Tunfisch ohne Öl (Konserve)
2 EL Kräuterfrischkäse
1 TL Tomatenmark
½ TL Zitronensaft
Salz
bunter, grob geschroteter Pfeffer
8 Scheiben Roggenbrot
1 kleine, rote Zwiebel
2 Eier- bzw. Flaschentomaten
ca. 30 g Rucola
ca. 250 g Leerdammer

Nein, liebe Zuschauer, das ist keine Zeitlupe, der läuft wirklich so langsam.

Werner Hansch

Jürgen Klinsmann ist inzwischen 694 Minuten ohne Tor. Das hat vor ihm, glaube ich, nur Sepp Maier geschafft.

Harald Schmidt

Mein Problem ist, dass ich immer sehr selbstkritisch bin, auch mir selbst gegenüber.

Andreas Möller

LEERDAMMER
LEERDAMMER

Fußball ist Ding, Dang, Dong.
Es gibt nicht nur Ding.

Giovanni Trappatoni

Wenn ich nicht will, lauf ich im Spiel nicht mehr als einen Kilometer; und da ist der Weg von und zu der Kabine schon drin.

Jürgen Kurbjuhn

Zutaten für 8 Wraps:

4 Tomaten
2 EL Kapern
150 g Butter
1 EL frische Thymianblättchen
250 g Magerquark
Salz
Pfeffer
8 Weizenfladen (Fertigprodukt)
1/2 Kopf Eisbergsalat
8 Scheiben gekochter Schinken

Schinken-Wraps mit Tomaten-Kapern-Butter

1. Zwei Tomaten am Blütenansatz über Kreuz einschneiden, mit heißem Wasser überbrühen, die Haut abziehen, die Tomaten halbieren, entkernen und das Fruchtfleisch in kleine Würfel schneiden. Die Kapern fein hacken. Die beiden restlichen Tomaten waschen, halbieren, entkernen und das Fruchtfleisch würfeln.

2. Die Butter in einer Pfanne schmelzen und den gewaschenen Thymian darin anschwitzen. Vorsicht: Die Butter darf nicht braun werden. Die Tomatenwürfel von den gehäuteten Tomaten und die Kapern hinzufügen, durchschwenken und abkühlen lassen.

3. Die erkaltete Gewürzbutter mit dem Quark verrühren und mit Salz sowie Pfeffer abschmecken. Die Weizenfladen kurz im Backofen erwärmen. Die Butter-Quark-Mischung auf die Fladen streichen, dabei rundherum einen Rand von ca. 2 cm frei lassen.

4. Den Salat putzen, waschen und in feine Streifen schneiden. Danach die Fladen mit den Schinkenscheiben, Tomatenwürfeln und Salatstreifen belegen. Die Fladen von einer Seite her eng zusammenrollen, mit einem scharfen Messer schräg halbieren. Das gerade Ende mit Butterbrotpapier oder einer festen Serviette umhüllen und die Wraps servieren.

Für mich gibt es nur „entweder – oder". Also entweder voll oder ganz.

Toni Polster

Fußball war schon immer ein Dschungel, in dem man mit Affen herumturnen muss.

Uli Stielike

Das beste Trainingslager ist eine Frau, die eigene natürlich.

Willi Lemke

ZUTATEN FÜR 3 VERSCHIEDENE HAMBURGER:

- 3 Salatblätter
- 2 Tomaten
- 2 Gewürzgurken
- ½ Zwiebel
- 4 Stängel Schnittlauch
- 100 g Rinderhackfleisch
- 1 kleines Ei
- 1 EL Haferflocken
- Salz
- Pfeffer
- 2 EL Rapsöl
- 1 Schweineschnitzel (ca. 100 g, aus der Oberschale)
- 100 g Leberkäse
- 2 Sesambrötchen
- 1 Hamburger-Brötchen
- ¼ rote Paprikaschote, in Streifen geschnitten
- 1 TL Sonnenblumenkerne, geröstet
- 2 TL Ketschup

Spaßburger-Hamburger

1. Die Salatblätter waschen und trockentupfen. Die Tomaten waschen, putzen und in Scheiben schneiden. Die Gurken längs in Scheiben schneiden. Die Zwiebel schälen und fein würfeln. Den Schnittlauch waschen, trockenschütteln und fein hacken.

2. Das Hackfleisch mit Ei, Haferflocken, Zwiebelwürfeln, Salz und Pfeffer in einer Schüssel gut vermischen. Mit nassen Händen zu einer flachen Frikadelle formen. Einen Esslöffel Öl in einer Pfanne erhitzen, die Frikadelle bei mittlerer Hitze von beiden Seiten ca. fünf Minuten braten.

3. Das Schweineschnitzel salzen und pfeffern. Das restliche Öl in einer Pfanne erhitzen, den Leberkäse zwei Minuten und das Schweineschnitzel bei mittlerer Hitze von beiden Seiten ca. drei Minuten braten.

4. Die Brötchen aufschneiden. Die untere Hälfte mit Salat und Gurkenscheiben belegen. Ein Brötchen mit Leberkäse, Paprikastreifen und Schnittlauch sowie Gurken belegen. Ein weiteres mit Frikadelle, Gurken, Tomatenscheiben und Sonnenblumenkernen sowie eines mit dem Schweineschnitzel, Ketschup und Gurkenscheiben belegen. Zum Schluss die oberen Brötchenhälften darauf legen.

Ich bin immer noch am Überlegen, welche Sportart meine Mannschaft an diesem Abend ausgeübt hat. Fußball wars mit Sicherheit nicht.

Franz Beckenbauer

Salz-Kümmel-Stangen

ZUTATEN:

Für den Teig:
250 g Mehl
150 g Butter
3 EL Sauerrahm
1 Msp. Paprikapulver
1 Prise Salz

Für den Belag:
1 Eigelb
Kümmel
grobes Salz

1. Das Mehl auf die Arbeitsfläche sieben und in die Mitte eine Mulde drücken. Die Butter, den Sauerrahm, das Paprikapulver sowie das Salz hineingeben und von außen nach innen mit einem Messer hackend zu Bröseln vermischen.

2. Mit den Fingerspitzen die Brösel zu einem Teig verarbeiten, er darf nicht warm werden. Wenn der Teig zu fest ist, noch Sauerrahm hinzufügen. Danach in Alufolie wickeln und mindestens eine Stunde kühl stellen.

3. Den Teig durchkneten, 5 mm dick ausrollen und in 2 cm breite sowie 15 cm lange Streifen schneiden. Mit einem scharfen Messer in die Mitte einen Schlitz schneiden. Ein Ende nach hinten umlegen und zweimal durch den Einschnitt ziehen.

4. Den gesamten Teig zu Spiralen verarbeiten und auf ein mit Backpapier ausgelegtes Blech legen. Die Stangen mit Eigelb bestreichen und mit Kümmel sowie Salz bestreuen.

5. Im vorgeheizten Backofen bei 200° C, Umluft 180° C, Gas Stufe 4 ca. 15 Minuten backen.

Spitzenreiter

ZUTATEN PRO PERSON:

1 Flasche Altbier (0,2 l)
200 ml Sekt

Ein großes Glas mit dem Altbier füllen und langsam mit dem eiskalten Sekt aufgießen.

Knipser

ZUTATEN PRO PERSON:

1 Flasche Pils (0,33 l)
2 cl Wodka
2 cl Zitronensaft

In einem Barglas den Wodka mit Zitronensaft mischen und in ein hohes Bierglas gießen. Langsam mit dem Pils aufgießen.

Was nützt die schönste Viererkette, wenn sie anderweitig unterwegs ist?

Johannes B. Kerner

Ich hoffe, dass die deutsche Mannschaft auch in der 2. Halbzeit eine runde Leistung zeigt, das würde die Leistung abrunden.

Günter Netzer

Zutaten für eine 16-cm-Gugelhupfform:

125 g weiche Butter
125 g Zucker
1 Päckchen Vanillinzucker
2 Eier Größe M
125 g Mehl Type 405
½ Päckchen Backpulver
1 TL Kakao
½ TL Zimt
1 Prise Salz
6 cl Rotwein
75 g Schokotröpfchen
dunkle Schokoladenglasur und Schokoladenspäne zum Verzieren

Ich weiß auch nicht, wo bei uns der Wurm hängt.

Fabrizio Hayer

Gerade zu Hause liegt unsere Heimstärke!

Carsten Ramelow

Schokoladenkuchen mit Schuss

1. Den Backofen auf 180° C, Umluft 160° C, Gas Stufe 2 vorheizen.

2. Die Butter, den Zucker und den Vanillinzucker mit den Schneebesen des Handrührgerätes schaumig schlagen. Die Eier nach und nach unterrühren.

3. Das Mehl mit dem Backpulver und dem Kakao in eine Schüssel sieben, den Zimt sowie die Salzprise hinzufügen, alles vermischen und zur Buttermischung geben. Den Rotwein dazugießen, das Ganze zu einem glatten Teig rühren und die Schokotröpfchen unterheben.

4. Die Backform gut ausfetten, den Teig hineinfüllen und ca. 40 bis 45 Minuten backen. Nach Ablauf der Backzeit den Kuchen aus dem Ofen nehmen, 10 Minuten ruhen lassen, aus der Form lösen und zum Abkühlen auf ein Kuchengitter setzen.

5. Nach dem Erkalten die Schokoladenglasur schmelzen und den Kuchen rundherum damit bestreichen. Mit den Schokoladenspänen bestreuen und die Glasur fest werden lassen.

Ich werde nicht auf der Bank sitzen, da nehme ich zu viel Platz weg.
Rainer Calmund
Le Kick

Mailand oder Madrid – Hauptsache Italien!
Andreas Möller

Toskanische Hackfleisch-Bohnensuppe

1. Die Bohnen in ein Sieb gießen, abspülen und gut abtropfen lassen. Die Zwiebel und die Knoblauchzehen schälen und beides fein würfeln. Die Paprikaschoten halbieren, putzen, entkernen, waschen und das Fruchtfleisch in Streifen schneiden.

2. Das Öl in einem großen Topf erhitzen und das Hackfleisch darin anbraten. Die Zwiebel- und Knoblauchwürfel sowie die Paprikastreifen kurz mit andünsten. Die Tomaten, das Tomatenmark, die Kräuter und die Gemüsebrühe hinzufügen und das Ganze abgedeckt ca. 10 Minuten garen.

3. Zum Schluss die Bohnen hinzufügen und kurz mit erhitzen. Die Suppe mit Salz, Pfeffer und Paprikapulver abschmecken und nach Wunsch mit knusprigem Weißbrot servieren.

Zutaten für 4 Personen:

1 Dose weiße Bohnen (ca. 425 ml)
1 Dose Kidneybohnen (ca. 425 ml)
1 Gemüsezwiebel
2 Knoblauchzehen
1 rote Paprikaschote
1 gelbe Paprikaschote
2 EL Olivenöl
400 g gemischtes Hackfleisch
1 Dose Tomaten (ca. 425 ml)
1 EL Tomatenmark
2 EL TK-Kräuter, italienisch
600 ml Gemüsebrühe
Salz
frisch gemahlener Pfeffer
Paprikapulver

Hass gehört nicht ins Stadion.
Solche Gefühle soll man gemeinsam mit
seiner Frau daheim im Wohnzimmer ausleben.
Berti Vogts

Chili-Hackfleischpfanne

Zutaten für 2 Personen:

125 g Langkornreis
(z. B. von Uncle Ben's)
200 g Champignons
1 EL Speiseöl
200 g Hackfleisch
1 Glas Soße „Mexikanische Art"
(z. B. von Uncle Ben's)
1 Becher Crème fraîche

1. Den Reis in reichlich Salzwasser ca. 15 bis 20 Minuten garen, danach abgießen und warm stellen.

2. Die Champignons von Schmutz befreien, putzen, halbieren oder vierteln.

3. Das Öl in einer Pfanne erhitzen und das Hackfleisch darin anbraten, die Champignons hinzufügen und kurz mitdünsten. Mit 100 ml Wasser aufgießen und das Ganze abgedeckt ca. fünf Minuten garen.

4. Danach die Soße und den Reis dazugeben, kurz mit erhitzen, auf Tellern anrichten und mit je einem Klecks Crème fraîche servieren.

Zutaten für 4 Personen:

- 2 Zwiebeln
- 2 Knoblauchzehen
- 100 g Feta
- 600 g gemischtes Hackfleisch
- 1 Ei
- 3 EL Paniermehl
- ½ TL Thymian, gerebelt
- ½ TL Rosmarin, geschnitten
- Salz
- frisch gemahlener Pfeffer
- 3 EL Olivenöl
- 2 rote Paprikaschoten
- 100 g Schmand
- 1 EL Aiwar
- ½ TL Cayennepfeffer

Hackfleischröllchen in scharfer Paprikasoße

1. Die Zwiebeln und den Knoblauch schälen und fein würfeln. Den Feta ebenfalls in Würfel schneiden.

2. Das Hackfleisch mit der Hälfte der Zwiebeln und des Knoblauchs, Feta, Ei, Paniermehl, Thymian und Rosmarin vermengen, mit Salz und Pfeffer würzen. Aus der Hackfleischmasse ca. 20 Röllchen formen und in zwei Esslöffeln erhitztem Öl ca. 10 Minuten braten.

3. Für die Soße die Paprikaschoten putzen, waschen und das Fruchtfleisch in grobe Würfel schneiden. Davon drei Esslöffel beiseite legen. Zusammen mit den restlichen Zwiebeln und dem Knoblauch in dem übrigen erhitzten Öl ca. 10 Minuten dünsten.

4. Danach pürieren und etwas abkühlen lassen. Schmand und Aiwar unterrühren, mit Salz, Pfeffer und Cayennepfeffer abschmecken, die Paprikawürfel darüber streuen und die Soße zu den Röllchen servieren.

Das Wort „mental" gab es zu meiner Zeit als Fußballspieler noch gar nicht. Nur eine Zahnpasta, die so ähnlich hieß.

Rudi Assauer

Wir wollten in Bremen kein Gegentor kassieren. Das hat auch bis zum Gegentor ganz gut geklappt.

Thomas Häßler

Chili-Tomatensuppe mit Feta-Spießen

1. Den Backofen auf 200° C, Umluft 180° C, Gas Stufe 4 vorheizen. Die Paprikaschoten halbieren, putzen, entkernen, waschen und das Fruchtfleisch in Würfel schneiden. Das Zwiebelbrot in dicke Scheiben, anschließend mit dem Fetakäse in grobe Würfel schneiden und beides abwechselnd mit den Paprikawürfeln auf Holzspieße stecken.

2. Die Chilischoten der Länge nach halbieren, entkernen, und das Fruchtfleisch in feine Würfel schneiden. Den Knoblauch schälen und zerdrücken. Die Hälfte des Knoblauchs mit zwei Esslöffeln Olivenöl vermischen, die Spieße damit bestreichen und auf einem mit Backpapier belegten Backblech ca. 10 Minuten backen.

3. Die Chiliwürfel und den restlichen Knoblauch in erhitztem Öl anbraten und mit den passierten Tomaten und der Brühe ablöschen, aufkochen lassen und die Crème fraîche unterrühren. Danach mit Salz, Pfeffer, Paprikapulver und Zucker pikant abschmecken und mit den Brot-Feta-Spießen servieren.

ZUTATEN FÜR 4 PERSONEN:

je eine rote und gelbe Paprikaschote
350 g Zwiebelbrot zum Aufbacken (z. B. Back Mich von Lieken Urkorn)
200 g Fetakäse
2 Chilischoten
2 Knoblauchzehen
3 EL Olivenöl
500 ml passierte Tomaten
300 ml Gemüsebrühe
1 Becher Crème fraîche (200 g)
Salz
Pfeffer
Paprikapulver
Zucker

Kartoffel-Schinkenspicker-Gulasch

1. Die Kartoffeln schälen und würfeln. Die Paprikaschoten putzen, entkernen, waschen und das Fruchtfleisch ebenfalls in Würfel schneiden. Die Zwiebel und den Knoblauch schälen und fein würfeln. Den Mais in ein Sieb gießen und gut abtropfen lassen.

2. Die Butter in einem Topf erhitzen und die Kartoffel-, Paprika-, Zwiebel- und Knoblauchwürfel darin andünsten. Die Tomaten und die Brühe hinzufügen und abgedeckt ca. 15 Minuten garen.

3. Den Bierschinken grob würfeln, zusammen mit dem Mais dazugeben und kurz mit erhitzen. Das Gulasch mit Salz, Pfeffer, Paprikapulver und Majoran abschmecken und mit Crème fraîche verfeinern. Nach Wunsch mit deftigem Bauernbrot und frischen Kräutern garniert servieren.

ZUTATEN FÜR 4 PERSONEN:

400 g Kartoffeln
je 1 rote, grüne und gelbe Paprikaschote
1 Zwiebel
1 Knoblauchzehe
1 kleine Dose Mais (= 425 ml)
1 EL Butter
1 Packung stückige Tomaten (ca. 400 g)
250 ml Brühe
400 g Bierschinken
(z. B. Schinkenspicker „fein“)
Salz
frisch gemahlener Pfeffer
Paprikapulver, mild und scharf
Majoran, gerebelt
100 g Crème fraîche

Scharfer Senf-Peperoni-Topf

1. Die Peperoni abtropfen lassen und in Ringe schneiden. Die Zwiebel und den Knoblauch schälen und fein würfeln. Den Mais ebenfalls abgießen und gut abtropfen lassen.

2. Das Öl in einem großen Topf erhitzen und das Hackfleisch darin anbraten. Peperoniringe, Tomatenmark sowie Zwiebel- und Knoblauchwürfel hinzufügen und mit dünsten. Mit Gemüsebrühe und Tomatensaft aufgießen, die Tomatenstücke dazugeben, aufkochen lassen und ca. 15 bis 20 Minuten garen.

3. Danach den Mais hinzufügen, kurz mit erhitzen und mit Senf, Honig, Salz sowie Pfeffer pikant abschmecken. Nach Wunsch mit frischem Baguette servieren.

Zutaten für 4 Personen:

2 Stück Peperoni, feurig-scharf (z. B. von Kühne)
1 Zwiebel
1 Knoblauchzehe
1 kleine Dose Mais (= 425 ml)
2 EL Speiseöl
600 g Hackfleisch
2 EL Tomatenmark (z. B. von Kühne)
200 ml Gemüsebrühe
300 ml Tomatensaft
1 Packung Kühne Tomato Italiano Tomatenstücke (= 370 ml)
3 EL Senf, scharf (z. B. von Kühne)
2 TL Honig
Salz
frisch gemahlener Pfeffer

Mir ham a gut genugene Mannschaft!
Dietmar Hamann

Ich sage nur ein Wort: Vielen Dank!
Horst Hrubesch

Das wird alles von den Medien hochsterilisiert!

Bruno Labbadia

Mini-Quiches

1. Den Backofen auf 200° C, Umluft 180° C, Gas Stufe 4 vorheizen.

2. Die Teigzutaten mit vier Esslöffeln Wasser geschmeidig verkneten und ca. eine Stunde in Alufolie gewickelt kalt stellen.

3. Währenddessen den Schinkenspicker fein würfeln und mit Schmand, Eiern, Käse sowie Petersilie gut verrühren. Mit Salz, Pfeffer und Muskat würzen.

4. Kleine Quicheförmchen (Durchmesser ca. 12 cm) einfetten, den Teig ausrollen und die Förmchen damit auslegen. Die Eiermischung darauf gießen und ca. 20 bis 25 Minuten goldbraun backen. Eventuell nach der Hälfte der Garzeit mit Alufolie abdecken, damit die Oberfläche nicht verbrennt. Nach Belieben mit Kräutern bestreut servieren.

ZUTATEN FÜR 8 STÜCK:

Für den Mürbeteig:
250 g Mehl
1 Ei
Salz
125 g Butter
Mehl für die Arbeitsfläche
Fett für die Förmchen

Für den Guss:
150 g grober Bierschinken
(z. B. Schinkenspicker „deftig")
150 g Schmand
2 Eier
100 g geriebener Käse
1 EL gehackte Petersilie
Salz
Pfeffer
1 Prise geriebene Muskatnuss

Pizzafladen

1. Den Hefeteig nach Packungsanweisung zubereiten. Den Backofen auf 200° C, Umluft 180° C, Gas Stufe 4 vorheizen.

2. Die Tomaten waschen und achteln. Den Knoblauch und die Zwiebel schälen und fein hacken. Den Mozzarella in kleine Würfel schneiden. Alles zusammen in einer Schüssel mit dem Olivenöl und Oregano mischen. Mit Salz und Pfeffer würzen.

3. Den Hefeteig in einzelne Stücke teilen und kleine, runde Fladen formen. Die Fladen mit der Tomatenmischung belegen, Oliven nach Belieben darauf geben und mit etwas Parmesan bestreuen. Anschließend 15 Minuten backen.

Zutaten für 4–6 Personen:

1 Packung Hefeteigmischung
5–6 Tomaten
3 Knoblauchzehen
1 große Zwiebel
150 g Mozzarella
3 EL Olivenöl
1 EL Oregano
Salz
Pfeffer
schwarze Oliven
100 g geriebener Parmesan

In der ersten Halbzeit haben wir ganz gut gespielt, in der zweiten fehlte uns die Kontinu ..., äh Kontuni ..., ach scheiß Fremdwörter: Wir waren nicht beständig genug!

Pierre Littbarski

Sauerkrautauflauf

1. Den Backofen auf 180° C, Umluft 160° C, Gas Stufe 3 vorheizen.

2. Die Kartoffeln schälen, waschen und in Salzwasser ca. 20 Minuten garen, danach abgießen. Währenddessen die Milch erhitzen, mit den Kartoffeln und einem Esslöffel Butter stampfen und mit Salz, Pfeffer und Muskat würzig abschmecken.

3. Das Sauerkraut in eine gefettete Auflaufform geben, die Leberwurst in Würfeln oder Scheiben darauf verteilen und mit dem Kartoffelpüree bedecken. Das Paniermehl darüber streuen, mit der restlichen Butter in Flöckchen belegen und ca. 30 bis 40 Minuten goldbraun überbacken. Nach Wunsch mit gebratenen Zwiebelringen und frischen Kräutern garniert servieren.

Zutaten für 4 Personen:

800 g Kartoffeln
Salz
$^1/_4$ l Milch
ca. 40 g Butter
frisch gemahlener Pfeffer
1 Prise geriebene Muskatnuss
1 Dose küchenfertiges Sauerkraut (ca. 810 g)
Fett für die Form
400 g grobe Leberwurst (z. B. Pommersche)
30 g Paniermehl

Seither bemühe ich mich, bei jeder leichten Berührung, bei jedem Zusammenstoß, bei jedem Foul im Gegner zuerst den Menschen zu sehen.

Toni Schumacher

Cannelloni mit Käse-Spinat-Füllung

1. Den Backofen auf 200° C, Umluft 180° C, Gas Stufe 3 vorheizen.

2. Den Spinat putzen und waschen. Eine Zwiebel und zwei Knoblauchzehen schälen, fein hacken und in der Butter glasig dünsten. Dann den Spinat hinzufügen und zusammenfallen lassen. Danach gut ausdrücken, hacken und mit den Gewürzen abschmecken.

3. Das Paniermehl, die Eier und 150 g Käse hinzufügen und alles gut vermengen. Die Käse-Spinat-Masse in die Cannelloni füllen und diese in eine gefettete Auflaufform legen.

4. Für die Soße die Tomaten klein würfeln. Die restliche Zwiebel und die Knoblauchzehe schälen und fein hacken. Das Rapsöl in einem Topf erhitzen, die Zwiebel- und Knoblauchwürfel glasig dünsten, die Tomatenwürfel und den Majoran hinzufügen, den Schmand unterrühren und mit Salz, Pfeffer sowie Zucker abschmecken. Die Soße über die Cannelloni verteilen. Dabei beachten, dass diese gut bedeckt sind, sonst bleiben sie beim Backen hart.

5. Ca. 30 Minuten backen, dann den restlichen Käse darüber streuen und weitere 5 bis 10 Minuten überbacken.

Zutaten für 4 Personen:

20 Cannelloni
(ohne Vorkochen, ca. 200 g)
2 Zwiebeln
3 Knoblauchzehen
1 EL Butter
750 g Blattspinat
Salz
Pfeffer
1 Prise geriebene Muskatnuss
2 EL Paniermehl
2 Eier
300 g grob geriebener Allgäuer Emmentaler
Fett für die Form
1 große Dose geschälte Tomaten
2 EL Rapsöl
1 TL Majoran
2 EL Schmand
1 Prise Zucker

Register

Genehmigte Lizenzausgabe
EDITION XXL GmbH
Fränkisch-Crumbach 2006
www.edition-xxl.de

Idee und Projektleitung: Sonja Sammüller
Layout: Ruth Schmidt, Sonja Sammüller
Satz: Ruth Schmidt
Titelillustration: Bastian Gierth
Illustrationen: Ilka Renz, Sonja Sammüller

ISBN 3-89736-060-8

Wir danken folgenden Firmen für ihre freundliche Unterstützung:

Berentzen-Gruppe AG, Haselünne	28
CMA, Bonn	25, 49, 30, 69, 83, 71, 16, 20, 21, 22, 23, 41
Gabriele Fiedler PR, Hamburg	45
Ketchum GmbH, München	40, 19, 31, 43, 60, 67, 46
Peter Kölln, Köllnflockenwerke	55
The Food Professionals, Sprockhövel	26, 27, 34, 52, 53, 62, 78, 80, 82, 29, 33, 51, 79, 36, 37, 39, 56, 50, 57, 61, 63, 65, 59, 74, 76, 77, 15, 32, 75, 17, 47